Γόνιμη αμηχανία

© 2012 Χρόνης Β. Καραχάλιος & Εκδόσεις Καπόν

ΕΚΔΟΣΕΙΣ ΚΑΠΟΝ
Μακρυγιάννη 23–27, 117 42 Αθήνα
Τηλ./Fax: 210 9235 098, 210 9214 089
e-mail: info@kaponeditions.gr   www.kaponeditions.gr

ISBN 978-960-6878-45-9

Χρόνης Β. Καραχάλιος

Γόνιμη αμηχανία

Ποίηση 1975–2011

ΕΚΔΟΣΕΙΣ ΚΑΠΟΝ

Γηραιά κυρία

Στις μνήμες του πρώιμου βίου της
η γηραιά κυρία
εξέταζε τη βεντάλια της
και διακρίνοντας μια τρύπα αναφώνησε:

Ω! Πώς περάσαν τα πλοία της γραμμής
κι έμεινα μόνη;
Ω! Πώς περάσαν τα πουλιά
κι αποδήμησαν
κι έμεινα μόνη,
συντροφιά με τη γνώση
πως η αλήθεια
είναι πάντα μισή
για να 'ναι ολόκληρη,
πως η αστείρευτη πηγή τελειώνει
για να 'ρθει λησμοσύνη.

Στις μνήμες του πρώιμου βίου της

Εικόνες

Κοιτώντας τη νωπογραφία της ζωής μου

εκείνο που θα άλλαζα
θα 'σαντε τα λουλούδια

στη θέση τους θα έβαζα ένα κομμάτι ήλιο
ένα μπαλκόνι ουρανό κι ένα τραίνο αγέρα.
Έτσι, δεν θα 'χα ενοχές για όλα όσα δεν έπραξα
κι όσα έχω κάνει θ' άνθιζαν
γιατί όλ' αυτά
είμαι εγώ
που 'μαι μικρός στον ουρανό
μα για τη γη μεγάλος.

Μηλόπιτα

Φτιάχνοντας τη μηλόπιτα
κι ενώ πασπάλιζε τα μήλα με κανέλα
κοιτάζοντας τη συνταγή αναρωτήθηκε:

Να εμπιστευτώ τον εαυτό μου
για να εμπιστευτώ τους άλλους
για να με εμπιστευτούν οι άλλοι.

Κι ήρθε στα ίσα της η κανέλα με τη ζάχαρη
και τα μήλα κοκκίνισαν τόσο
ώστε η ένωση με τη ζύμη να μην φαίνεται
κι η γεύση ν' αχνίζει εμπιστοσύνη.

Άκαιρο το επίκαιρο

Σ' ευχαριστούμε, Καρίμ,
για τις σπάνιες πορσελάνες που μας πούλησες
για να σερβίρουμε τις επιθυμίες μας,
που είχαμε από παιδιά φυλάξει,
καθώς τις γεμίζουμε με τσάι.

Μόνο που δεν μπόρεσες
να μας πουλήσεις χρόνο
και, καθώς το παρελθόν έφυγε,
μας είναι πλέον μάλλον άχρηστες.

Σ' ευχαριστούμε, Καρίμ,
για τα νιάτα που μας πούλησες,
μα είμαστε σε λάθος στιγμή.
Όλοι οι άλλοι τελειώσανε το τσάι τους
και μείναμε εμείς να κάνουμε
σημαντικές τις πορσελάνες τους.

(Στο παλαιοπωλείο του Καρίμ
τα σημαντικά των άλλων
τόσο ασήμαντα για εμάς)

Αποχαιρετισμός

Με τη βαλίτσα στο χέρι
η γηραιά κυρία αποχαιρετά το Λίβερπουλ
και τη στιγμή που επιβιβάζεται στο αερόστατο
θυμάται πως ξέχασε το μάτι τής κουζίνας ανοιχτό.

Μα καθώς είναι πάνω στον αέρα
και τραμπαλίζεται
(δεν φτάνει η αερόσκαλα
να πατήσει στη γη)
φεύγει για πάντα διερωτώμενη
αν θα θυμηθεί κανείς πως στο διάβα της
δεν είναι μόνο που ξέχασε
το μάτι τής κουζίνας ανοιχτό
μα που πασπάλιζε όλη της τη ζωή
με τη χρυσόσκονη της ύπαρξής της.

Προσμονή

Άσε τη πόρτα μισάνοιχτη
για να γλιστρήσω σαν πέσει ο ήλιος,
κλειδί της ψυχής σου
δος μου να κρατώ
κι άναψε τα φώτα της καρδιάς σου
πίσω απ' τις γρίλιες
τον ίσκιο σου να δω
και τίποτ' άλλο.

Ένα κουμπάκι απ' το πουκάμισό σου είμαι
μα δεν με νοιάζει.

Φόβος απωλείας

Φόβος απωλείας που δεν ήρθες
και, καθώς απλώνω τον μίτο μου,
πάλι φοβάμαι μην μπερδευτεί
και χαθείς.

Φόβος.
Χωρίσαμε, μα εκείνα τα τριαντάφυλλα που μου πρόσφερες
δεν μαράθηκαν ποτέ.
Απεναντίας γίναν κήπος,
ίσως γιατί τα πότιζα με λήθη,
μα η λήθη δεν φέρνει μόνο λήθη,
εφόσον το άρωμά τους δεν μπορεί να ξεχαστεί,
ξεθωριάζει.

Φόβος.
Ο δρόμος της απωλείας είναι μακρύς
και το κόκκινο χρώμα τους
αδύναμο να τον φωτίσει.
Κι όσο κι αν βρέχει
—πάντα τα τριαντάφυλλα στεγνά—
εκεί η μυρωδιά της απωλείας σε θυμίζει.
Δεν θυμάμαι. Είχαν αγκάθια ή τα 'βγαλα τάχα;

Σταυροβελονιά

Κεντώ τ' αστέρια με χιονόνερο.
Μάλλον έχω παιχνιδιάρικη τάση σήμερα
—λες και το σήμερα ανοίγει
βαλβίδα ασφαλείας για το χθες—
και κείνη τη βροχή τη φυσώ με δύναμη
ώστε να μουσκέψει τη βελόνα μου
για να γλιστρά καλύτερα.

Με κοφτερά δόντια κόβω την κλωστή
και καθώς διαπερνώ τον γρανίτη των αστεριών
το αίμα τους σαν αστερόσκονη
τρυπώνει τρεμάμενο στο χέρι μου
προσμένοντας να το κάνουν κι αυτό αστέρι.
Αστείο.

Έχασα το μέτρημα
πρέπει να ξηλώνω.
Μάλλον το αίμα μου δεν φτάνει να τα φτάσω
κι ας έχω παιχνιδιάρικη τάση.

Πεπερασμένοι ήχοι

Απ' τον ίδιο πλανήτη ποίησης,
φαίνεται, τραβάμε ιδέες,
γι' αυτό μοιάζουν οι φωτογραφίες μας
σαν των διδύμων.

Δεν νομίζω να 'ναι δίδυμα ποιήματα ή φεγγάρια,
δίδυμες λέξεις ή οδύνες,
δίδυμες εικόνες ή έννοιες.
Είναι ίδιες οι λέξεις
και πεπερασμένοι οι ήχοι.
Ήχοι βροχής και σούρουπου,
ήχοι αναπνοής και αγωνίας.

Εμένα μου αρέσει η ποίηση
όταν σκοντάφτει στο χαλάκι
κι απλώνεται παντού
σαν τη δροσιά του δειλινού και την πρωινή την αύρα.

Γι' αυτό
μόνο μην βάλεις υπογραφή στην εικόνα.
Άσ' τη. Δεν σου ανήκει.
Ας τη μοιραστείς καλύτερα με όλους.
Είναι δική τους εικόνα.
Απλά εσύ την αποτύπωσες,
της έβαλες χρώμα μα και όρια.
Μην βάλεις υπογραφή.

Απύθμενη θλίψη

Γλίστρησα στη λάσπη της θύμησης
και πέφτοντας λερώθηκα.
Όσο κι αν προσπάθησα να προστατευτώ
η λάσπη με περικύκλωσε.

Τινάχτηκα.
Χώμα και νερό γίνονται πολύ σκληρά,
πολλή προσπάθεια για να κολλήσουν.

Ξεσκονίστηκα,
μα η λάσπη εκεί,
να δηλώνει την παρουσία της,
ν' απορροφά το νερό, τον αέρα,
και να στεγνώνει.

Ξεραίνεται ο λαιμός μου,
ο αέρας προτιμάει να ξεραίνει τη λάσπη
απ' το να κυματίζει τα ρούχα μου.

Προσπάθησα να σηκωθώ
σαν τη βάρκα πριν βυθιστεί εξολοκλήρου,
μα όσο κι αν τινάχτηκα
οι θύμησες στεγνώσαν το κορμί μου.

Περί όνου σκιάς

Ωx Κύριε!
γιατί μεγάλωσα
κι έπαψα να φαντάζομαι
ταξίδια σε κοραλλιογενείς πλανήτες
με χρυσελεφάντινα αγάλματα θεών,
φτιαγμένα
απ' τους πιο ξακουστούς τεχνίτες;

Ω Κύριε!
πόσο μαλάκωσα
κι έπαψα ν' αγωνίζομαι
για να 'ναι απάτητη η σελήνη μου
και να ονομαστεί
αυτόφωτος πλανήτης
κι όχι δορυφόρος.

Κύριε,
στα τριανταένα μου
έπαψα να κλέβω τα όνειρα των άλλων,
γιατί είδα πως ήσαν κι αυτά κλεμμένα από άλλους,
και φοβήθηκα
πως, αν μ' έπιαναν,
δεν θα μ' έλεγαν κλέφτη
μα κλεπταποδόχο.

Αμνηστία

Σ' όλους τους χτύπους της καρδιάς
που υφάνανε δεσμά και με σφίξανε
δίνω αμνηστία.
Η ανάμνηση αυτών που έζησα
επαναπροσδιορίζει τη στιγμή
όπου, χωρίς επεξηγήσεις και υποσημειώσεις,
οι χτύποι γίνονται όχημα
ώστε το κοχύλι να ξεκολλήσει απ' την άμμο
και ν' αρχίσει να ερωτοτροπεί με τον αφρό των κυμάτων,
αφήνοντας στον βυθό
εκ των προτέρων τα προσχήματα,
παίρνοντας τον μακρύ δρόμο της αλήθειας,
χωρίς να δίνει σημασία στην κίνηση
μα στη συναίσθηση.

Να 'ξερα να διαχειριστώ
τους χτύπους της καρδιάς
καθώς πέφτει σα βροχή
στο κράσπεδο και ματώνει!

Γόνιμη αμηχανία

Ονόμασες την αμηχανία μου απαξίωση
κι έφερες μια βροχή
ώστε να γεμίσει ξέχειλα το ποτιστήρι
και να βρέξω τα πόδια μου,
καθώς δροσίζω τις αναμνήσεις μου
για να διατηρηθούν και ν' ανθίσουν.

Κι αναρωτήθηκα σαν έφυγες
πόσο χώρο είχες κυριέψει,
που τώρα, σαν τον άδειασες,
φαίνεται αλάνα,
και θέλω να φυτέψω οπώρας
ώστε ν' αδειάσει το ποτιστήρι
μην πάει το νερό που έφερες χαμένο.

Στείλε πάλι μια βροχή να μπολιάσει
τη γόνιμη αμηχανία μου.

Του πόθου μου το αληθές

Αποκαμωμένος απ' το να είμαι άνθρωπος,
κάθισα να ξαποστάσω.
Εναπόθεσα στο πλάι μου
όλα τα σύμβολά μου
και τον ανθό της γαρδένιας μου
μόλις φρεσκοκομμένο.
Κράτησα στο χέρι τ' όραμα
και βρήκα στα πέταλά του
τον τέλειο αριθμό.
Ομορφιά σκέφτηκα,
ομορφιά εποίησα.
Ξαπόστασα.

Άκουσα τον ήχο των πλανητών
και μ' αυτόν τραγούδησα,
έψαλα στον Θεό μου,
έκανα την οργή στοργή
κι έδωσα στ' όραμα το γένος
που του ταιριάζει,
πότε αρσενικό, πότε θηλυκό,
ώστε να πολλαπλασιαστεί,
και πότε γένος αγγελικό
για ν' αναληφθεί για πάντα.

Κι ήρθε ο ύπνος
κι αυτή η παραίτηση έγινε αποδοχή
κι αυτή η αποδοχή απελευθέρωση,
ομορφιά σκέφτηκα,
ήλιο εποίησα,
έψαλα στον θεό μου
κι έδωσα στο όραμα
το γένος του θεού μου.

Είμαι στο μέσον του ταξιδιού,
κιτρινισμένα τα φύλλα μου,
κοιτάζω εμπρός και βλέπω πίσω,
κοιτάζω πίσω για να δω μπροστά.

Συνεχίζω να πορεύομαι
χωρίς μια στιγμή να πιστέψω
πως αυτό το φτωχό του εαυτού μου
είν' η αφορμή να γίνω αφηγητής.
Ξαναθυμάμαι να ζω,
συναθροίζω τ' αστέρια μου,
δοξάζω τον θεό μου,
τιμώ τον εαυτό μου,
αποστατώ απ' τη ζωή μου
για να μην τυφλωθώ απ' το φως μου
κι υπάρχω στο διηνεκές
της εσωτερικής μου αλήθειας.

Ερμηνεύω τα πράγματα
όπως τα νιώθω
και ξαναθυμάμαι να ζω.

Η τελεία

Έμεινε ακούρδιστο το πιάνο μου για χρόνια,
είχα ξεκουρδίσει τα θέλω μου
(όχι να τα διαβάζω αλλά να τ' ακούω).

Πυροσβέστης της ανοχής
είναι το αρκούμαι.
Στην πυρκαγιά των θέλω
και των θελημάτων μου
αντίδωρο η γνώση.
Η έπαρση υποστέλλεται.

Κωπηλάτης η σιγουριά,
ναυαγοσώστης του ονείρου,
μην κάνει καμιά κουταμάρα
και πέσει και πνιγεί
στην απαξίωση.

Μήπως θα πας να φας, ψυχή,
του σώματος τις επιθυμίες
κι έτσι χορτάτη να εισέλθεις
στον νυμφώνα μου;

Οι καμπάνες χτυπάν για όλους,
μα λίγοι είναι που κρατούν ευδιάθετοι
γλυκά στο χέρι
κι ανταποδίδουν την επίσκεψη.

Μετά από κάνα δυο
ίσως και τρεις φορές
βαριέται η ιεροτελεστία
την επανάληψή της,
μπουχτίζει να καίει στο θυμιατό
το ανικανοποίητο,
αφήνοντας οσμή ευωδίας
τη νοσταλγία.

Μου δίνει ο χρόνος προίκα τη φθορά,
αλλά γιατί να εισέλθω στον νυμφώνα μου;
Είμαι γυμνός και φοβάμαι
πως σαν θα δει τις ρυτίδες μου
και πάλι θα φωνάξει: Νενίκηκά σε.
Τελεία.

Απεξάρτηση

Απλά ανοίγοντας το λεξικό
υφαρπάζεις τις λέξεις αργά αργά,
τελετουργικά, κατανοώντας τες.
Προσπαθώντας να τις ταιριάξεις,
τις κρατάς δέσμιες
με παρηχήσεις και κράσεις,
ώστε, χωρίς να τις παροξύνεις,
να σου δώσουν το νόημα
που θες κατά κύματα,
ούτως ώστε, χωρίς παραπομπές,
η ορθογραφία τους να αποδίδει στο μέγιστο
του λόγου σου το αληθές,
απεξαρτημένες απ' το κατάστιχο του λεξικού,
διαχρονικά γενναίες
κι ετοιμόλογες.

Παραφράζοντας τον Καζαντζάκη

Δεν ελπίζω τίποτα
δεν φοβάμαι τίποτα
δεν υπάρχω
δεν ζω
αν ζωή δεν είναι ελπίδα και ύπαρξη
αν δεν είναι αναγέννηση απ' το φόβο
τότε ίσως είναι διάσταση
τότε ίσως είναι αφύπνιση
ή απόσταση απ' τον ίδιο μας τον εαυτό
καθώς τον βλέπουμε να κινείται στο ίδιο σημείο.

Θείε Θεέ του άχραντου Θεού,
δεν ελπίζω να φοβάμαι να 'μαι ελεύθερος να ζω.
Δεν φοβάμαι να ελπίζω να 'μαι ελεύθερος.

Νύχτα έλα που όλα τα καθαρίζεις
και δώσ' τα στο πρωί
ανέλπιστα γενναία
ώστε με την ύπαρξή τους
να διάγουν το σιωπηλό
ελεύθερο μαρτύριό τους
προς την αιωνιότητα της ελπίδας.

Εδεσματολόγιο

Menu
Μια σαλάτα νοσταλγίας
　　με dressing ευαισθησίας,
　　δυο τρία κλωνάρια επιπολαιότητας,
　　και μια πρέζα κόκκινο πιπέρι αναμονής,
σερβιρισμένη σε χρόνο ανύποπτο,
αδιαίρετο, συνεχή,
σε χωμάτινο ακατέργαστο σκεύος.

Κυρίως πιάτο (πιάτο ζεστό ή κρύο)
　　ρολά εναλλαγής ηρεμίας-φόβου,
　　βρασμένα μες στο πεπρωμένο,
　　για όλα τα χρόνια της ζωής,
　　σε βαθμούς που αντέχεις,
　　μέχρι να εξατμισθεί η αντίσταση,
τα γαρνίρουμε με σιγουριά,
δυο τρεις σταγόνες αμφισβήτησης
—έτσι για την ισορροπία της γεύσης—
κι ένα κλωνάρι ελπίδας
(αν δεν έχουμε μπορούμε να βάλουμε λίγη παραδοχή).

Και για ποτό
　　την άφεση γαρνιρισμένη
　　με πίστη κι ειλικρίνεια

ώστε αν μεθύσουμε να φύγουμε
εντελώς από εμάς
κι όλοι οι συνδαιτυμόνες
(μεταξύ τυρού και αχλαδίου)
αφού χάσουν τον καθωσπρεπισμό τους
ν' απολαύσουν εαυτούς και αλλήλους
στο διηνεκές.

Για επιδόρπιο
        μια έκπληξη, όχι από λίστα αναμονής,
        αλλά απρόοπτη, ατόφια,
        χωρίς φραμπαλάδες προσχεδιασμένους,
για ταυτόχρονη ευχαρίστηση
των ουρανίσκων
του σαρκίου και της ψυχής.

Το τραπεζομάντηλο σε λευκό της αγνότητας
ώστε να 'ναι εμφανείς οι λεκέδες
διά γυμνού οφθαλμού
για να τους αφανίσει η αποδοχή
αφού τους μουλιάσουμε στην παραδοχή
και τους τρίψουμε αποβραδίς
με λίγο αυτογνωσία.

Καλή σας όρεξη.

Εφ' όπλου

Παραθέτω τα όπλα μου,
λόγο, νόηση και σκέψη.
Μ' αυτά σε πολεμώ,
μ' αυτά σου ρίχνω το γάντι της αναζήτησης
και το χαλάζι της αφύπνισης.
Κάθε πρωί σπάω τον τριπλό μεντεσέ του πάγου
και ξεφλουδίζω το αυγό της έχιδνας.
Βλέπω τον κόσμο της,
που 'ναι και κόσμος μου,
πότε μισός, ποτέ ολάκερος.

Εγκυμονώ ορέξεις
στου κόσμου τον αιθέρα,
εκεί, στα εντός μου, σιωπηλά συναρμολογούμαι.

Φωταγώγησα την κάμαρα της ψυχής μου
για να σε δεχτώ
και συ τρόμαξες.
Νόμιζες πως μάχονταν η σκέψη με τη γνώση
κι ότι ήταν η απαίτηση που σε σταμάτησε
ώστε να μην πατήσεις το καρφί που εξείχε
και σταυρωθείς.

Συγκέντρωση

Μιλήσαμε περί υδάτων και υδάτων.
Δεν είχαμε να πούμε τίποτε γι' ανέμους.
Ζήσαμε στη βροχή,
δεν φύσηξαν ποτέ στη ζωή μας άνεμοι.
Τους είχαμε διατάξει να μην φυσούν
ώστε να πλέουν τα καράβια μας στη νηνεμία.

Αυτός είν' ο κόσμος στον οποίο ευδοκίμησα,
αυτός ο υιός ο αγαπητός τον οποίο ευδόκησα
χωρίς ανέμους.

Δεν φύσηξε ποτέ αγέρας στη ζωή μας
να λυγίσει τις λεύκες που φυτέψαμε
να προσκυνήσουν τον πλάστη τους.
Απεναντίας, με το τρεχούμενο νερό
ψηλώσαν τόσο ώστε μας ξεπέρασαν
κι εκεί ψηλά, πανύψηλα,
γεύονται τον αέρα
σ' εκείνο τον ουρανό
που μύρισε φόβο.

(Ακράτα, Αγίου Πνεύματος)

Ο σωτήρ

Στα παλαιοπωλεία όπου γυρνάς
να σώσεις ένα φλυτζανάκι περίτεχνο
που 'μεινε χωρίς πιατέλο
ή ένα καπάκι που ψάχνει απεγνωσμένα
μια τσαγέρα
για να 'χει λόγο ύπαρξης,
απελπισμένοι άνθρωποι
σε παρακαλάνε να ψωνίσεις απ' το παρελθόν
σε προσφορά
και συ να δυσφορείς.
Να σώσεις θέλεις μόνο.

Μηδεμία εντολή

Τι σου κάναμε, Χριστέ!
Σε κάναμε θεό.
Ποια περισσότερη τιμωρία!
Και τώρα θέλουμε όλοι
να μας εξαγνίσεις.
Θέλουμε να μας σώσεις εσύ
που δεν σε γνωρίζουμε
κι ούτε μάθαμε να κλείνουμε
τα μάτια και να σε βρίσκουμε
μέσα μας.

Οι πόνοι της σταύρωσης
δεν είναι τίποτα
μπροστά στην οδύνη τού να 'σαι θεός.

Ο χρόνος ερρίφθη

Ενόσω προσπαθώ, σαν άλλος Νώε,
να συναθροίσω στην κιβωτό μου
τα πλούτη του αιώνα μου και των ημερών μου,
τώρα, στην καταιγίδα των συναισθημάτων,
αναταράζω τα λιμνάζοντα
και διερωτώμαι:

Ν' αφήσω εκτός το κάλλος και το κλέος
ή να εισέλθουν στην κιβωτό
και να ξαποστάσουν, ώς να περάσει η μπόρα,
στη μεγάλη αίθουσα μαζί με τις άλλες σκέψεις
ή κατά μόνας;
Μα τότε θ' αποξενωθούν
και οι επόμενες μέρες θα 'ναι δίχως κάλλος,
δίχως κλέος.

Να συγκεντρώσω το φόβο
και, για να ακροβατεί η κιβωτός στην τρικυμία,
να μπει στην κοινή κάμαρη με την αγάπη
ώστε αυτή να καθησυχάζει όλες τις σκέψεις
στον κατακλυσμό των συναισθημάτων;

Να συμβιώσω, να προλάβω να διασώσω τον άνθρωπο.
Στο ίδιο δωμάτιο, το κοινό, θα τον βάλω με το θάνατο
ώστε να γίνουν των πάντων κοινωνοί
και ν' αποδεχτούν το μεταξύ τους αλληλένδετο
και τη διαχρονική τους αλληλουχία.

Σίγουρα θα σώσω τη σιγή,
την ανδρεία και τη λησμοσύνη
ώστε να μεταλλάξουν το όνειδος, την προδοσία,
την εκδίκηση για τη διαιώνιση των συναισθημάτων.

Κι όταν η κιβωτός θα ηρεμήσει
πάνω στο νοήμον και εγκάρδιο
Αραράτ των σκέψεών μου,
θα στείλω αγάπη, ως περιστερά,
ώστε η αδελφή της η ηρεμία να κυριαρχήσει
και να εκτοπίσει για πάντα τη νέμεση.

Βίοι παράλληλοι σκέψεων και συναισθημάτων,
έργα και ημέρες αυτογνωσίας.

Αριστείδου 10-12 (στοά Ανατολή)

α)
Ανατέλλω της ζωής μου τη ζωή
σε νέες προσδοκίες.
Αφήνω πίσω μου τα βιβλία ιστορίας.
Τα κλείνω στη σελίδα 1960
(αρχή της επί γης αφετηρίας μου)
και τ' αμπαρώνω σφιχτοκλειστά
για να μπορέσουν να τα κλέψουν
ως χαρακτηρισθέντα σημαντικά.

Αλλάζω τρόπους έκφρασης
ώστε ν' αναπνέω με τα βράγχια
κι οι πνεύμονες να μπουν στην εφεδρεία,
να ξαποστάσουν.

Ο αχαλίνωτος εγωισμός χαλιναγωγείται.
Γίνεται το κέντρο του κόσμου.
Γίνεται το επίκεντρο της αποκάλυψης.
Τα μυστήρια γύρω μου πάλλονται,
έτοιμα να εμφανιστούν απογυμνωμένα,
επανερμηνεύουν τις οδούς των πιθανών συμβάντων,
αναλώνονται στο ψάξιμο νέων δρόμων
για να αποκαθηλωθούν όλα
και να χαρακτηριστούν ως μη σημαντικά.

β)
Δεν άφησα ποτέ τους χειμώνες
να μαράνουν τη θέλησή μου
κι ούτε τον πάγο να θεριέψει το φόβο μου.
Το πέπλο της νύχτας αστέρια έφερνε
κι ο ουρανός φέγγιζε τα πάθη μου.
Ποια αμαρτία μού στερεί τη ζωή;

Δεν ζήτησα απ' το λεξικό
να συγκαλέσει σύνοδο λέξεων
ώστε να σταυρωθούν στο ποίημα.
Πήγαινα στα σπίτια ποιητών
κι έλειπαν τα σαλόνια.
Μόνο βιβλιοθήκες.
Δεν δέχονταν δέος,
δεν δέχονταν κόσμο,
μόνον ιδέες και σκέψεις,
σκέψεις βουβές ώστε να μην κάνουν φασαρία
κι ιδέες φασαριόζικες για να μας ξυπνήσουν.

Οίκος ευγηρίας ποιητών

Ξεφορτώθηκα της ζωής μου το πλεόνασμα
στα παζάρια της ψυχής μου.
Τι το 'θελα το απόθεμα;
Όσο περνούν οι μέρες, αυτό παλιώνει.
Δεν έχω άλλες λέξεις,
    τις χρησιμοποίησαν πριν από μένα όλοι οι ποιητές.
Δεν έχω άλλες εικόνες
    τις χρησιμοποίησαν πριν από μένα όλοι οι παραμυθάδες.
Δεν έχω άλλες ενώσεις
    τις χρησιμοποίησαν όλες μετά τους πολέμους.
Και ποιος ο λόγος της ένωσης;
(έναντι ποιου εχθρού;)
Πέσαν τα παραπετάσματα,
φύγαν όλοι που ζήσαν πολέμους,
σβήσαν οι φόβοι τους.
Τώρα εμείς ποιες νέες εικόνες να χρωματίσουμε
στο άσπρο χαρτί που μας δώσαν;

Είμ' ένας άνθρωπος εκτός ιστορίας.
Θα 'πρεπε να σπείρω πόλεμο
για να θερίσω όνειρα;

Οι ποιητές μιλάν με τη σιωπή τους
κι οι άλλοι ακούν τ' αηδόνια που σφυρίζουν
γιατί βαρέθηκαν να κελαηδούν,

βαρέθηκαν να υπογράφουν τα λόγια τους με παρρησία
κι από ανάγκη μόνο να παρίστανται,
γιατί το τιθασεύουν το εγώ τους.

Άρχισαν να σφυρίζουν,
γιατί έτσι τους υπαγορεύει η μελωδία,
κι έτσι απαντούν στην αρχική ερώτηση,
υπηρετώντας απλά το Έπρεπε,
δίνοντας όποια σημασία στη λέξη Κρίση
αρμόζει στα αισθήματα,
προβλέποντας το απρόβλεπτο.

Στους οίκους ξεχασμένων ποιητών

Εφιάλτες

Απαλλάχτηκα
απ' τους εφιάλτες του παρελθόντος
που ωσάν φίλοι
πρόδιδαν Θερμοπύλες μέλλοντος.
Ήσαν οκνοί και όχι ρωμαλέοι.
Κι όμως.
Κατείχαν το τώρα
ως επάρατη νόσο,
απόστημα στείρας απόστασης,
αποστασιοποιημένο.

Με του Μαγιού την αρμαθιά
ανοίγω τα κελάρια της ωρίμανσης.
Τώρα. Γλύτωσα το χιονιά και άνθισα.

Τα ποιήματά μου δεν μιλούνε για πολέμους
—μίλησαν άλλοι γι' αυτούς—
δεν μιλούν γι' αγάπες
—τις ένιωσαν άλλοι.
Τα ποιήματά μου δεν μιλούν για όνειρα
—άνοιξαν άλλοι πόρτες διαυγείς.
Τα ποιήματά μου δεν μιλούν.
Μόνον ακούνε.

Ακούνε τις φωνές των σκοτωμένων
που πέσαν για κάτι π' ονειρεύτηκαν,
προδομένοι απ' τους άλλους κι απ' το χρόνο.

Ακούνε τις φωνές των ζωντανών
που έθαψαν τους εαυτών νεκρούς
και δεν έχουν σε ποιους να τραγουδήσουν.

Ακούνε τη στιγμή
και δεν θέλουν να την ξυπνήσουν
μην τύχει και φύγει.

Ακούνε τη δροσιά και σιωπούν
πιο πολύ μην τύχει και τη χάσουν.

Ακούν τη γη και την οργώνουν
για να ακούσουν τον οργασμό της.

Βαρέθηκαν ίσως οι άνθρωποι ν' ακούν
κι οι στίχοι αντί γι' αυτούς το κάνουν.

Ομνύω ποιείν

Στη ζωή μου, επινόησα τη ζωή μου,
επί λόγω τιμής, εγώ την επινόησα.
Ήταν που λύγιζαν τα στάχυα
και χαμήλωνα την ένταση του ήλιου,
ήταν που πάγωνε το νερό
κι έτρεμαν τα ψάρια
κι ανέβαζα την έντασή του.

Σ' όλη μου τη ζωή, η ζωή μου ένας ανελκυστήρας.
Πάνω, κάτω,
ένταση, αποχή, αποδοχή, εκδοχή, παραδοχή, κατοχή,
                                    αποστροφή.
Όταν μπλοκάριζε, χρησιμοποιούσα τα χέρια μου,
όταν έτρεμε, περίμενα να κρατήσει το ίσο του εδάφους
στον κάθε όροφο.
Πήγα στα ύψη και στα βάθη
και τούμπαλιν.

Στη ζωή μου, έμαθα να θυμάμαι τη ζωή μου.
Να την έχω μάθει παπαγαλία, απ' έξω,
να την έχω αποστηθίσει φαρσί.
Κι έτσι, κάθε απρόοπτο απρόσιτο το βάφτιζα,
προσπαθούσα φίλο να το κάνω
ώστε να μάθει μαζί μου να πατάει τα κουμπιά του ανελκυστήρα,
να πετά.
Δεν επενέβη στη θέλησή μου η ζωή μου,
δεν μου έβγαλε ούτε μία φωτογραφία εκ των προτέρων.

Εγώ την επινόησα ως τα εμά εκ των εμών
και ως σάρκα εκ της σαρκός μου.

Στη ζωή μου επινόησα όσα συμβαίνουν να συμβαίνουν
κι αυτά που δεν συμβαίνουν να μην υπάρχουν.
Η ζωή μου, μια άχρωμη εξαφάνιση
σε σκοτεινούς ανελκυστήρες.

Προκεχωρημένο της ώρας

Καθώς το μαραμένο φύλλο
αποκολλάται από το δέντρο
και πέφτει στη γη,
ονειρεύεται πως σαν λίπασμα
θα δώσει μάννα στα νέα δέντρα
που, σαν ψηλώσουν,
θα φτάσουν στ' άστρα
ώστε να του διηγηθούν
όλ' αυτά που δεν πρόφτασε να δει
σαν αποφάσισε να κιτρινίσει.

Με το θάρρος της φωνής προς τα αυτιά

Επικράθη η σιωπή μου καθώς εμίλησα,
καθώς είδα τη ζωή μου από ψηλά.
Εκεί απ' το θόλο όλα τα εγκόσμια άκοσμα μου φαίνονται,
άσχημα, αταίριαστα.

Ανυπεράσπιστος στόχος είμαι
στην όψη των δακρύων,
ά-σχημος, αταίριαστος.
Δίνω σχήμα, μα να!
Δεν ζόρισα την έμπνευση,
δεν έγραψα γράμματα στον Άι Βασίλη
να μου φέρει εκείνο και το δείνα.
Δεινά έρχονταν τα σούρουπα
και τα πρωινά με οδύνες.
Παρακαλούσα τον ήλιο να με ζεστάνει,
να με μεθύσει με μάθηση,
ν' ανοίξω πύλη στον κοίλο καθρέφτη
που η πίσω του όψη, ως κι η μπροστινή, κοίλη
μα ανηφορική.

Αχαλίνωτη αίσθηση η νίκη,
μιθριδατισμός στην πίκρα
καθώς κλείνω τα παντζούρια του παραδείσου
μην πλεονάσει ο ήλιος
και λειώσει τ' όνειρο της επιστροφής.

Εκρύφθη ο άνθρωπος

Στην αμμουδιά του ονείρου,
κρατώντας την τρίαινα του Ποσειδώνα,
ταράζω τον κόσμο μου.
Σμήνος τρομαγμένων πουλιών απλώνεται στον αγέρα.
Ανάσα δύσκολη, μάλλον ξαφνιασμένη,
που απ' τον ίσκιο λιγοστεύει.
Απ' τη δίνη, μέσω της βίωσης,
εισέρχονται η έλξη και η άπωση
κι όλοι όσοι έχουν γαντζωθεί
στην τρεμάμενη ψυχή μου
κρατιούνται να εξιλεωθούν
στην κολυμπήθρα του Σιλωάμ.

Άφησα στο αύριο
του σήμερα τα σπουδαία.
Τι ωφελεί να απέρχομαι,
να μετρώ τις μέρες ως τις μέρες του γέρικου σκύλου μου;
Τι ωφελεί να επανέρχομαι, να επαναλαμβάνομαι;
Η Κυριακή πάντα θα 'ναι εκεί.
Διεκπεραιώνομαι τις Κυριακές
μ' εκείνα τα πειρατικά πλοιάρια
που ταξιδεύουν αύτανδρα
απ' το σήμερα στο αύριο, στο χθες.

Αγεφύρωτη νοσταλγία.
Και στην πρόκληση να ξαναϋπάρξω
Άργος αυτοβαφτίζομαι
και κλείνω τα μάτια μου,
καθώς βλέπω τον Οδυσσέα, που κύρη μου γνωρίζω,
να επιστρέφει.

Υπελείπετο το μάταιον του όλου

Ένα ξέστρωτο κρεβάτι
μου δείχνει μιαν άσκημη ημέρα.
Μέσα απ' τις διαδρομές
της νύχτας ώς το πρωί
γνώρισα την αιωνιότητα.
Έριχνα φως στις σκιές
που μου δείχνουν θλιμμένους ανθρώπους,
ανθρώπους που θέλουν να είναι θλιμμένοι,
γιατί δεν τους αρκεί το τέλος της συνουσίας
και τη συνεχίζουν αενάως στο παρόν τους,
βλέποντας αφ' υψηλού τη ζωή τους
πάνω απ' τα βράχια
που σχηματίζουν οι κουβέρτες,
προσπαθώντας μέσ' απ' την αταξία των μαξιλαριών
να στρώσουν της ζωής τους την ομίχλη
μ' άσπρα σεντόνια
ώστε να βλέπουν
αυτό που αποφασίζουν να βλέπουν
και να προχωρούν σεινάμενοι
στον οργασμό του θανάτου.

Ανάμνηση

Πόσο σκοτάδι στον ορίζοντα!

Μην κάνεις μνεία στην ανάμνηση
καθώς προσαράζει στον μώλο
για να δεχτεί συνεπιβάτες
και να τροφοδοτήσει με τ' αναγκαία
τους κατοίκους της άγονης γραμμής.

Όταν ο ήλιος γεμίζει τη νύχτα του,
αυτή η νύχτα, πιο φωτεινή,
κάνει περατζάδα στα σοκάκια
και καταλύει σ' όλο το χώρο
που ζωγραφίζεις για ορίζοντα.

Η θλίψη έκλεισε όλα τα ξυπνητήρια
να μην ξυπνήσει η ανάμνηση.
Μην ξαπλώνεις το ημερολόγιο.
Άσε τη μέρα όρθια,
θεματοφύλακα της προσευχής
και της ανταπόδοσης.

Τα ωραία πράγματα τελειώνουν όρθια.
Δεν ξαπλώνουν για να τα πλακώσει
η λήθη της μοναξιάς.
Βγάζουν κλαριά με επιγραφές.
Διαβάζω μία:
«Πάτα σ' άλλο σκαλί,
μου πατάς το χέρι».

Σαν έν' αυγό

χάνεται η δύση σε μια μακάβρια παγωνιά
που έμαθες να σ' ακολουθεί σαν συμπαράσταση
σ' όσα νόμιζες ή πίστευες
για σένα

κι έπιασες να μισείς αυτό που αγάπαγες
ν' αποδέχεσαι τα μη αποδεκτά
σα μια προσωρινή διακοπή ηλεκτρικής ενέργειας
χωρίς προειδοποίηση

σαν έν' αυγό στην άκρη του κόσμου
που καμιά δύση του ήλιου
δεν μπορεί να το εκκολάψει

σαν την καταστροφή που σ' ακολουθεί
κι όταν την ακολουθείς την ονομάζεις τύχη

σαν τον ομφάλιο λώρο του σήμερα με το χθες
που και μόνο εκφωνώντας τον
δείχνεις να τον θες από πάντα

είμ' έν' αυγό στη δύση του ήλιου

Η ιδέα σχηματίστηκε από τις 9 Ιαν. μέχρι τις 14 Ιαν. 1985. Σημείωση στο πε-
ριθώριο: «Ημέρα με λιακάδα, πάλι μέσα, και τι μ' αυτό. Στρατός».

46

Είμ' εδώ και βρίσκομαι

Τι ωραία τα χρώματα της αυγής μέσα μου
τώρα που η δύση σχόλασε!

Σου γράφω απ' το μέρος εκείνο της ύπαρξης
όπου η σκιά είναι ισχνή
γιατί ο θάνατος τα 'χει βρει με τον ήλιο
και ποτέ δεν παγώνει.

Εδώ ο ήλιος είναι ήλιος, δεν χάνεται τη νύχτα,
εγώ είμαι εγώ και χάνομαι στο είμαι.
Η λέξη Νύχτα στα λεξικά μας δεν υπάρχει.
Την έχουμε διαγράψει ή δεν τη σχηματίσαμε;
Ποιος ξέρει.
Η λέξη Εγώ γεννήθηκε με μας, το Είμαι σε διαρκή ανατολή.

Ο ήλιος είναι πάντα ήλιος,
εγώ είμαι εγώ,
και δεν έχουμε ανάγκη σκιάς,
δεν κάνουμε τομή πάνω στο νερό.

Αχ, να μπορούσα να καταλάβω τα γράμματά μου,
όταν γράφω γραφή ως άλικο γράμμα στον εαυτό μου,
όταν γράφω γραφή στον ίσκιο.
Εκεί που ο ουρανός συναντά την κάθαρση
κι η γη την αιωνιότητα
βάζω φεγγάρια για σημεία φώτισης
ώστε να διαβάζω καθήμενος τα γράμματά μου
όπως δύναμαι και θέλω.

Καθώς ο ήλιος μου ανατέλλει
η επαφή του με τις φοβίες μου τις καίει.
Ο βασιλιάς δεν είναι γιος μου· μου χαρίζει τα χρώματα,
μου χαρίζει τη ζέση,
γιατί ν' ανησυχώ,
γιατί ν' αναρωτιέμαι;

Είμ' εδώ και βρίσκομαι στις φαντασίες του νου
τις ιριδίζουσες,
είμ' εδώ και κάθομαι σε στάση αναμονής
μήπως τ' αποδημητικά πουλιά
με πάρουν μαζί τους σε φωτεινότερα χρώματα.

Είμ' εδώ επαίτης στα ατέρμονα ηλιοβασιλέματα,
των ονείρων θεατής,
με χέρια σταυρωμένης αναμονής σαν σε ταυρομαχία,
ψάχνοντας τους πνεύμονες να τρυπήσω
που 'χουν αγέρα, να δροσίσει ο τόπος.

Είμ' εδώ και κάθομαι,
δημιουργώ αλλεργίες για ν' αποστρέφομαι
και ν' απομονώνομαι, να φταίν' οι άλλοι, εγώ κι εγώ.
Είμ' εδώ και κάθομαι σε στάση επιφυλακής
μην τύχει και μεταναστεύσει η φλόγα απ' το κερί
και μεταλαμπαδευτεί παντού,
τώρα και πάντα,
είμ' εδώ και κάθομαι προσμένοντας τ' αποδημητικά πουλιά
μην τύχει και φύγουν μαζί μου.

Είμ' εδώ και κάθομαι μες στη γαλήνη της ακινησίας,
καλώ τους πάντες ν' αναπαυτούν
μες στη γαλήνη της παύσης.
Στηρίζομαι σε μένα και κινώ τον κόσμο μου
για να 'ρθει σε σύνοδο με την απώλεια.

Είμ' εδώ και κάθομαι μπροστά στο αδιέξοδο
και νιώθω την αγάπη της ψυχής μου
να εκμηδενίζει την αναμονή.

Ο ίσκιος μου χαρταετός που ίπταται
σκορπίζοντας σερπαντίνες πυροτεχνημάτων.
Τι δύναμαι να φοβηθώ;
Το δέος της απεραντοσύνης
ή μήπως η βούληση της σκέψης μου πάρει οστά
και σκορπίσει αγέρα;

Είμ' εδώ και βρίσκομαι,
εγώ και εγώ καθήμενοι,
με το εισιτήριο ανά χείρας,
προσμένοντας
τ' αποδημητικά πουλιά.

Κλπ

Συγκροτώ αναμνήσεις
στοιχίζουσες πόνο
στην παρέλαση της λύτρωσης.

Περιπλανήθηκα σ' όλα τα δωμάτια της στιγμής
κρατώντας ομπρέλα
ώστε οι θύμησες να μη μ' αγγίξουν,
να μπορέσω να διασχίσω
την υλική μου υπόσταση
από μπαλκόνι σε μπαλκόνι.

Φορώ παπούτσια
ώστε να μην κοπώ σχοινοβατώντας
στα θρύψαλα των πόθων μου,
αφού όσο κι αν προσπάθησα δεν μπόρεσα
να χορέψω ή έστω να περπατήσω
σ' αναμμένα αισθήματα,
δεν μπόρεσα ποτέ ν' αποστειρωθώ
απ' τη μνήμη.
Κι αυτό το φεγγάρι άρχισε κυματισμούς
με τα σύννεφα,
άρχισε να ερωτοτροπεί με τη νοσταλγία.

Θέλω να πάω σπίτι μου αλλά
κάποιος πήρε το πεπρωμένο για παλτό
και μου το 'βρεξε.

Θεέ μου, πού 'ναι τα πόδια μου!
Όταν θέλω να με πάνε στη χαρά,
δεν τα βρίσκω ποτέ. Ήμαρτον.

Τι άλλο είναι μέρος της ζωής;
Και ποια η γεύση της;
Τη νύχτα όμως, στα άδεια δωμάτια,
δεν έχω τι άλλο να κάνω,
στεριώνω το ράφι της επιθυμίας,
βάζω όλα τα εκθέματα,
πηδάω από θέλω σε θέλω.

Είμαι η οικογένειά μου
ή με παντρεύτηκα για να 'ναι το πάντα
παράσημο στο τώρα μου
καθώς τρέχω μην τύχει και με φτάσει
η θλίψη και με διαζευχτεί.

Συγκρατώ αναμνήσεις
θωπεύουσες πίκρα
στοιχίζουσες ήλιο
κ' η θλίψη να φορά γυαλιά
ώστε να μην την κάψουν οι στεναγμοί

κουβαλώντας τη βαλίτσα των βιωμάτων.

Οι κένταυροι είναι μόνο γένους αρσενικού
κι αναπαράγονται στον κόσμο τους,

τη νύχτα, σαν σταματήσει η βροχή,
βγαίνουν πάντα αστέρια που μόλις έχουν νιφτεί
για να υποδεχτούν τη μέρα.

Είν' ο θάνατος κομμάτι της ζωής;
Αλήθεια, σ' ευχαρίστησα για το αιώρημα;
Αν χρειαστείς κάτι, είμαι δίπλα σου.
Ποιον πρέπει να πείθω;
Μόνος κουβαλάω τη βαλίτσα της ζωής μου
και καταλήγω στις παροιμίες.

Δεν θα το πω σε κανέναν πως έφυγες.
Ίσως κανείς δεν με ρωτήσει,
γιατί χωρίς εσένα
το άδειο πλημμυρίζει
κι εγώ
θέλω φως, πολύ φως,
για να διαβάσω τις λεπτομέρειές σου.

Καπνίζοντας ένα τσιγάρο

Χίλια επτακόσια δάκρυα
θέλω να λησμονηθούν,
καθώς χτυπώ στα πλήκτρα
τον χου εκ της γης,
θέλω και το φως να με ζαλίζει
και να υποστεί διάθλαση στην εικόνα των ματιών σου,
γιατί αύριο είμαι σήμερα και χθες είμαι πάντα.

Θέλω και τσιγάρο σέρτικο, αψύ,
με μαύρο χαρτί και άσπρη τζιβάνα,
φούμο στα όνειρα που ήρθαν και φύγανε,
γιατί χθες ξημέρωσε, σήμερα έχει ήλιο
και αύριο θα 'ναι εσύ.

Και η Σαπφώ να άδει, παρέα με τον Καβάφη,
να προφέρει λανθασμένα τη λέξη CAMEL,
καθώς πίνουν το τσάι τους.
Κι η γάτα τους νιαουρίζει, γιατί με βλέπει
πίσω απ' τις βελούδινες κουρτίνες
να φωτογραφίζω τις σκιές,
ν' αντιγράφω τα λόγια τους
για κάποια Αλεξάνδρεια,
κάποια σελάνα,
κάποια Σαλονίκη.

Θέλω βρύα και λειχήνες μες στο τώρα μου,
τώρα που τα τίποτ' απ' τα τίποτά μου χάνονται
κι έρχονται κενά πολλά κενά
να ικανοποιήσουν τις απαιτήσεις μου.

Μελέτη πλάνης

Συνεχίζουμε τη ρουτίνα της ζωής μας
μέχρι την έκπληξη του θανάτου μας.

Βιώνω ένταση ζωής
και ταξιδεύω στα όνειρά μου
για να βρω τους συνοδοιπόρους μου
που βάλαν ωτασπίδες
καθώς κωπηλατούν
για να μη τους ξεμυαλίσουν οι φόβοι.

Δύναμη ζωής ώστε
να διαβείς αλώβητος μες απ' τις συμπληγάδες
κι αυτό που ποτέ δεν πήρες να θες
να τ' αφήσεις κληρονομιά.
Πού;

Αφού κινείσαι κι υπάρχεις στο νερό,
σε κάθε διαμελισμό σου
οι ακτίνες σου σβήνουν.
Ο ήλιος ή θα 'λειωνε στο νερό
ή θα το εξάτμιζε.

Κοινό ενδεχόμενο, κοινή τύχη, λες.
Όλα στη ζωή ενωμένα
σαν κάγκελο στήριξης,

σε κάθε παραπάτημα
του ονείρου μες στην ύπαρξη
νάματα προσφέρει η εμπειρία
για να δροσίσει το διάβα μου.

Πόσο οδυνηρό να δεις
πως είμαι άνθρωπος απλός με ελαττώματα.
Φευ!
Όσο προσπάθησα ν' αποκλείσω
το πεπρωμένο, αυτό εκεί,
φύλακας άγγελος με προστάτευε,
χείμαρρος με παράσερνε εντός μου.
Απ' όλα τα δώρα του
δεν διάλεξα την παραίτηση
για ξεστράτισμα,
άκουσα την πίκρα μου, αλλά να!
Εκείνο το ευχάριστο ολίσθημα
πού είναι;
Εκείνη η ευχάριστη αρτιμελής
νεανική επιπολαιότητα
πού σου προσφέρεται;
Ένστικτο πού είσαι;

Παραδόσου στην ευτέλεια της στιγμής
και στη μεγαλοσύνη του αύριο.
Και μην ξεχάσεις
να πάρεις μαζί σου εσένα.

Φιλοδοξία βεβαιότητας

Πόσο ασταθής η ακίνητη ισορροπία μου.

Κι αυτή η σκέψη
μονίμως μου δωρίζει απελπισία,
μονίμως μου αγοράζει αδιέξοδο
να μου διαστρεβλώνει τα διά ταύτα,
να με παραπλανά.

Εκεί στην κορυφή
αποδιώχνω τους πάντες,
τους κρεμώ στο κενό μου.

Σκέψη, όχι, δεν πείθομαι.
Αυτά που με παραπλανούν
εντέλει μ' απελπίζουν;
Σοφίσματα!
Αυτά τα παράλογα των σκέψεων
δημιουργούν αισθήματα
που με παρασέρνουν
στο ίδιο της ζωής μου σόφισμα,
αφού η διάταξή τους
δεν αποκαλύπτει την τάξη της ζωής μου.

Μαθηματικές ανακρίβειες

Η χαρά μ' αγγίζει χαλαρά
καθώς φεύγω μακριά από μένα.
Διαλέγω μεταξύ του είμαι και του θα 'μαι,
χρόνο παρόντα,
κάποτε, στο μέλλον, ασχολήθηκα με το θα 'μαι,
το έντυσα, το στόλισα,
το 'ταξα και στην Παναγιά
να 'ναι καλά και πάντα ορθό
μην τύχει και σκύψει και το προσπεράσει η τύχη
(που 'ναι πιο ψηλή)
μην τύχει και κακό ενσκήψει και δεν το δει η τύχη
(που 'ναι ψηλότερη, όπως είπαμε)
μην τύχει και διψάσει και δεν δει νερό.

Μα να 'μαι πάντα θα 'μαι;
Τι ασύμμετρη απροσδιοριστία
αυτός ο προσδιορισμός
που φέρνει το ανικανοποίητο
ως ασύμμετρο συναίσθημα!

Έωλες ώρες

Η άγνωστη αυριανή μου μέρα

δεν έκανε σήμερα παιδιά,
 φοβόταν μην κληρονομήσουν
 κι αυτά την αφεγγιά της
 κι αρχίσουν να σκοντάφτουν,

απεργάζεται στο τώρα τη συνέχειά της,
 φοβούμενη την επανάληψη,
 κρατά διακαώς κι εναγωνίως
 το ηλιοβασίλεμα μην φύγει το χρώμα,

κάνει τη γνώριμη χθεσινή της μέρα
 να μετρά τις ώρες της αδιάλειπτα,
 23, 24, 25, 26, 27... 30.

Μα όχι! Δεν την αφήνει ν' αρχίσει
απ' την πρώτη πρωινή,
έχει φτάσει στην 51η μεταπρομεσημβρίας
και συνεχίζει την αντίσταση,
δεν θέλει ν' ανατείλει τη φθορά
της επανάληψης,
να βάλει τ' άγνωστο για ήλιο.

Μεταθέτει τη γνώση σε μένα
και καραδοκεί το ξύπνημά μου.

Persona grata

α)
Εκόμισα κομήτες στη ζωή μου
κομματιασμένους.
Έμαθα να ξεγεννώ τον εαυτό μου
χωρίς πόνους κι ατεκνία,
χωρίς πρωταπριλιάτικο ψέμα,
χωρίς καθημερινές παραχαράξεις,
χωρίς φευγαλέα πρωτοβρόχια ενθουσιασμού.

Άφησα να μιλήσει
όλος ο τραυλός μου κόσμος
κι έπαιξα ή ρόλο συμπληρωματικό
ή ρόλο ατόφιο,
καθώς υποφέρω εκών άκων
απ' αυτό το κομίζω.

Επέτρεψα στην ευγένεια του αγνώστου
να με συνεπάρει,
καθώς κομίζω ζωή στους κομήτες
μέσα απ' το ποτάμι του χρόνου.

β)
Χαρτογραφώ το χρόνο μου
ανάμεσα σε μένα και σε 'κείνους.
Σκέψεις, γνώσεις, αιτίες,
υπαρκτές και ανύπαρκτες,
τους κάνουν Εκείνους και όχι Αυτούς,
δεν τους κατονομάζουν,
τους περιλούζουν φως.

Θέλουν να κλέψουν την αγάπη μου.
Ψάχνουν να βρουν πού την απόθεσα.
Ψάχνουν να τη βρουν, τη θέλουν, την έχουν ανάγκη.

Μα αυτή υπάρχει μόνο μέσα μου.
Εκεί γεννάται, εκεί γίνεται θήλυ
κι από κει σεργιανά στο χρόνο μου,
ανάμεσα σε μένα και σε 'κείνους,
φειδωλά λικνίζοντας τους γοφούς της,
προκαλώντας δημιουργία.

ΠΕΡΙΕΧΟΜΕΝΑ

ΚΑΛΛΙΤΕΧΝΙΚΗ ΕΠΙΜΕΛΕΙΑ: **ΡΑΧΗΛ ΜΙΣΔΡΑΧΗ-ΚΑΠΟΝ**

ΕΠΙΜΕΛΕΙΑ ΚΕΙΜΕΝΩΝ: **ΑΝΑΣΤΑΣΙΑ ΚΑΡΑΣΤΑΘΗ**

ΗΛΕΚΤΡΟΝΙΚΗ ΕΠΕΞΕΡΓΑΣΙΑ: **ΕΛΕΝΗ ΒΑΛΜΑ, ΜΙΝΑ ΜΑΝΤΑ**

ΕΚΤΥΠΩΣΗ: **Ι. ΣΚΟΥΡΙΑΣ ΕΠΕ - ΛΙΘΟΠΡΙΝΤ**

ΒΙΒΛΙΟΔΕΣΙΑ: **ΑΦΟΙ ΣΤΡΑΤΗ ΟΕ**